SOUVENIRS DE GRANDRIEU

(LOZÈRE)

Grèzes. — Malzieu. — Truyère. — Mende.

Chaque pays a son cachet particulier, ses beautés, ses imperfections, ses charmes, ses horreurs. L'un vous étonne par ses sites grandioses, par le dramatique qu'y a créé la nature; l'autre vous séduit par son pittoresque, ses eaux limpides et caressantes, par ses cascades aux reflets argentés; un autre, enfin, vous offrira de grands ombrages, des allées à perte de vue, vous fait admirer les grandes cultures, vous invite au repos par une douce monotonie. J'avais, dans le temps, visité la Lozère où j'avais de bons parents, qui, dans mes voyages lointains, ne s'étaient pas effacés de mon souvenir. Après avoir visité Grèzes, sur le revers oriental de la Margeride, je m'étais dirigé sur le Malzieu, que j'avais habité, il y a plus de 60 ans, auprès d'une excellente tante qui m'avait élevé comme un fils ; je parcourus la vallée de la jaune Truyère, l'ancienne *Triobre* (1) de Sidoine Apollinaire :

Flavum crastinus aspicis Triobrem
Tunc terram Gabalum satis nivosam
. . . .
Sublimem in puteo videbis urbem.

Plus tard, je visitai la sublime cité, Mende, célèbre par son apôtre, saint Privat, ses industries lainières et ses vertes prairies baignées par le Lot.

Puis, je me portai sur un autre point que je connaissais imparfaitement, mais qui avait laissé dans mon esprit un vague souvenir de liaisons amicales et de plaisirs de jeunesse. C'était Grandrieu, situé sur le versant nord-est de la Margeride, à 28 kilomètres environ de Langogne, et un peu moins de Saugues, suivant les routes plus ou moins directes, plus ou moins accidentées que l'on choisit ; car, pour venir du Puy-en-Velay, on peut aller à Grandrieu, soit par Saint-Jean-Lachalm, soit par le Bouchet-Saint-Nicolas. Là, dans les gorges de l'Allier,

(1) La Truyère prend sa source près de la Villedieu (*alt.* : 1.300ᵐ), sur le versant ouest de la Margeride, de l'autre côté de Montagnac-Latour, et se dirige vers le plein ouest. Javols, l'ancien *Anderitum*, fut détruit à la fin du IVᵉ siècle. C'était la capitale des Gabales *(Gévaudan)*, dont Mende prit le titre au Vᵉ siècle. Il est probable que Javols était pour Mende ce que Saint-Paulien *(Ruessium)* était pour le Puy-en-Velay.—Le nom de Javols est aujourd'hui porté par une petite commune qui se trouve près de Serverette.

soit à Monistrol, soit à Alleyras, ou dans les défilés du Nouveau-Monde et de Lestang, tout le long de la voie ferrée, le touriste pourra contempler les étonnants effets des roches éruptives, les sublimes horreurs des commotions volcaniques.

✦✦✦

Grandrieu. — Inscription. — Saint-Mène. — Fraissenette.

Grandrieu est un chef-lieu de canton, assis pittoresquement sur le penchant du promontoire d'un large plateau, à la jonction de deux cours d'eau frais, limpides, pleins de truites saumonées ; l'un, celui des *Mèdes*, prend naissance à peu de distance, au-dessus du hameau de ce nom ; l'autre, celui de *Grandrieu (grand ruisseau)*, le plus considérable, a donné son nom au chef-lieu, et descend des sources abondantes de Montagnac-Latour, à 1,335 mètres d'altitude. Le village de Grandrieu est à 1,170 mètres et la différence de sa partie supérieure avec le moulin qui est au bas, n'est pas moindre de 50 mètres. Ses environs sont très-arrosés, giboyeux, boisés, plantés de hêtres, de sorbiers *(drèliers)*, aux fruits tant aimés des enfants, de toriers, aux baies de corail, si recherchés par les grives, et d'autres essences, qui forment de charmantes promenades.

J'ai peu lu l'histoire de ce pays, qui a dû avoir sa part dans les anciennes guerres, dans les vieilles luttes civiles et religieuses ; ce qui le prouverait, ce sont les traces nombreuses de donjons, de tours et de forteresses. Grandrieu ne présente qu'une ancienne église, dont l'aire est en contre-bas du sol ; on reconnaît, à plusieurs de ses arceaux, le plein-ceintre roman et puis la tendance ogivale du type gothique du XIIIe siècle. Cette église, fraîche en été, est chaude en hiver ; mais elle est trop petite pour une paroisse de 1,600 âmes. De plus, elle est presque inabordable dans les temps de neige et de tourmente atmosphérique. Le vieux cimetière l'entoure de ses générations accumulées ; situé au nord et à l'extrémité du village, il n'a pas l'inconvénient d'insalubrité ; mais il porte un cachet de désolation qui nuit au coup d'œil ; il serait mieux, s'il était, comme le reste, planté de quelques arbres au feuillage agréable et salutaire. Tout près, sont les vestiges d'une tour carrée qui servit, il y a plus d'un siècle, aux opérations géodésiques, pour la triangulation de la carte de Cassini. Plus tard, elle fut utilisée comme grenier des récoltes du riche évêché de Mende.

Ici, s'arrêtent mes informations ; la faute en est à mes chroniqueurs et à mes *ciceroni*. On m'avait dit cependant que les environs de Grandrieu avaient été le théâtre d'événements remarquables, qu'il s'y était livré de grands combats, que c'était de ce côté de la Margeride, sillonnée par des voies antiques, que d'anciens peuples avaient laissé des traces de leur passage, pour parvenir dans le Velay et dans l'Auvergne, que le pays avait subi le joug successif des différentes nations qui l'avaient envahi ; le nom de *Bataille*, la voie

romaine (1), près de Bertaldès (alt. : 1,242ᵐ), le castel
élancé de Briges et ses mâchicoulis, l'abbaye de Mer-
coire, le tombeau de Duguesclin à l'Habitarelle, les
mille châteaux et ruines éparses çà et là, tout annonce
un passé riche en souvenirs dont la chronique locale
a dû ou doit dévoiler le mystère. Pour moi, qui ne
suis que touriste, je n'ai la prétention que de décrire
mon impression passagère. Malheureusement, mon
récit va débuter par celui d'une méprise, où j'ai failli
tomber ; mais je la rapporte sincèrement, dans l'espoir que ces lignes parviendront à mes successeurs
et leur éviteront d'inutiles investigations.

Sur la route de Grandrieu à Châteauneuf-Randon,
à environ 300 mètres du pont de la *Grange*, entre ce
hameau et celui de *Laldeirès*, on voit une belle pierre
borne, de 1 mètre 50 de haut, en forme triangulaire,
en granit porphyrique, d'un grain fin, taillée sur deux
faces, et portant, sur chacune d'elles, une inscription
qui m'intrigua beaucoup, d'autant plus que certaines
lettres paraissaient d'un bon style, et qu'elle était re-
couverte de ces vieux lichens gris, blancs, rouges,
qui tapissent ordinairement nos anciens monuments.

(1) La voie romaine *(via Bolena)*, venant du Velay, traverse
l'Allier à Condres (827ᵐ) *Oondate*, de la commune de Saint-Bonnet-
de-Montauroux, d'où elle se dirige sur Javols. De Condres,
elle laisse à gauche le moulin de l'Estang (800ᵐ), de la commune
de Saint-Christophe ; à droite, Giraudès (1,017ᵐ) et Ance-le-
Pont (1,107ᵐ) ; à gauche, Champs (1,202ᵐ) ; à droite, Mazimbert ; à
gauche, Augnac ; à droite, Fayole, commune de Saint-Paul-le-
Froid et Montfourchès ; à gauche, Chazeau ; elle passe à Bataille et à Bertaldès (1,242ᵐ), laisse le mas de Fenestre (1,484ᵐ) à
droite, et traverse la Margeride au ronc de Malzieu (1,500ᵐ).

La voici, telle que je la transcrivis, aussi bien que possible :

Face ouest.	*Face sud.*
IIIS	IIIZ
ROCI	ROCI
CHII	CHII
BARI	IDON

Vainement, avais-je fait appel aux capacités locales, interrogé les lettrés, les épigraphistes du pays, quand le hasard me fit rencontrer un vieux cantonnier, appelé *Roche;* je lui racontai mon embarras, et ne fus pas sans surprise, quand j'appris que c'était lui-même qui, il y a une vingtaine d'années, avait fait planter cette borne, pour indiquer la limite des cantonnements 2 et 3 ; il y avait fait inscrire son nom, comme *chef,* et celui de son cantonnier in'érieur, *Barandon.* Et puis, fiez-vous aux anciennes inscriptions et aux vieux lichens !

Comme croyant, attaché à la foi de mes pères, je ne pouvais rester à Grandrieu, sans aller faire une visite à la Croix-de-Saint-Mène. Je suivis donc les magnifiques bois qui sont au bas du Bouchet-Fraisse, où gisent les ruines d'une chapelle et d'un manoir seigneurial ; je traversai la passerelle qui est sur le Grandrieu, un peu au-dessous de la belle ferme de *Loubeyrac.* Sur la rive gauche du ruisseau, entre deux montagnes tapissées de blocs énormes de granite, à environ 3 kilomètres du pont des Mèdes, sur le bord de la route qui conduit à Entraigues, se dresse un gros rocher au sommet duquel est une croix d'environ

3 mètres de haut : c'est la *Croix-de-Saint-Mène*. C'est un lieu de dévotion et de pèlerinage, où l'on vient de fort loin. Cette croix est formée de deux pièces : le fût est de forme prismatique ; il est en granite blanc grisâtre et porte au bas une figure d'enfant nu et debout, en relief, adossé à une espèce de lit ou berceau ; la croix, en porphyre rose, présente le Christ, grossièrement sculpté ; cette face de la croix, ainsi décorée, regarde l'ouest. A 5^m au-dessous de ce monument et à 5^m au-dessus du ruisseau, est une grande et profonde cavité, qui semble naturelle, en forme de baignoire, toujours pleine d'eau. C'est là que, de bien loin, bien loin, on amène les enfants affectés de la *rache ;* les grandes personnes y viennent aussi pour différentes maladies cutanées. On y plonge les malades, on récite quelques prières, on invoque saint Mène, on y jette quelques monnaies, quelques bijoux, que les bergers du voisinage, soit dit sans médisance, ne manquent pas de recueillir. On dépose, à l'entour, les vêtements des patients, tels que coiffes, bas, chemises, et puis chacun s'en retourne, plein d'espoir et de confiance en saint Mène. Cette pratique n'est pas exclusive à cette localité ; jadis, non-seulement elle existait au lac d'Aubrac, dans l'Aveyron, et dans beaucoup d'autres localités des montagnes environnantes, mais encore chez des peuples de l'antiquité.

Les légendes ne manquent pas, il serait trop long de les énumérer ; toutefois, je dois ajouter que les habitants de Grandrieu n'ont pas la même croyance, car ils disent :

> *Aquel que vaï à Saint-Mène,*
> *Sé no pas la gale, y la prène*

Le rocher est habité par de nombreuses *larmuses* (*Lacerta agilis*), et fréquenté par de jolis papillons noirs veloutés, avec franges fauves, *vanessa morio*. (*V. Antiopa*, Lat.), que les Anglais ont surnommée *the camberwel beauty*. Ce rocher est entouré de sureaux, de yèbles aux baies rouges, de ronces, de digitales, de mille-pertuis, de bouillon-blanc et de chardons, sur lesquels se reposent les charmants hôtes de ces lieux solitaires. Je restai longtemps en contemplation devant la majesté sauvage de cet endroit retiré, fermé par deux montagnes presque inaccessibles, et qui n'a été ouvert à la communication que depuis l'établissement de la nouvelle route de Grandrieu à Entraigues. C'est dans ce dernier endroit que se réunissent les deux torrents du Grandrieu et du Chapeauroux, le second, gîte renommé de moules perlières (1).

Je ne me lassais pas d'écouter le bruit des eaux qui grondaient dans les cavités, ou qui jaillissaient en gerbes écumantes sur les blocs arrondis de granit qui encombrent le lit du ruisseau. Je me disais : Comment un pèlerinage s'est-il formé dans un endroit jadis si retiré, si inaccessible ? N'y aurait-il pas de plus ancienne tradition que celle consacrée par le christianisme? Ce nom de *Saint-Mène* est-il vraiment orthodoxe, appartient-il au catalogue de nos saints reconnus par l'Église? Ne serait-ce pas une de ces pratiques plus ou moins reculées ? Ce qui le prouverait, c'est

(1) Les rivières de Virlange et Dance, des environs de Saugues, recèlent beaucoup de coquilles perlières *(unio elongata ?)* Voir une *Notice* de M. Payan-Dumoulin, dans les *Annales de la Soc. acad. du Puy,* 1860, t. XXIII.

le nom de Mène *(Mon)*, que l'on trouve chez nos pères, désignant des pierres *saintes* ou *sacrées*, sous le nom de Dol-*men* et de *Men*-hir? Je fus vraiment frappé de l'aspect sinistre de ce lieu. Sur le rocher est une plate-forme, où l'on remarque des parties creusées longitudinalement, propres à recevoir le corps d'un homme. Il y a la place de la tête, celle des bras et celle des jambes. Sur le côté ouest est une grande rigole, également taillée, qui conduit à divers réceptacles, pratiqués de chaque côté, et finalement avec la grande cavité, en forme de baignoire, dont il a été question plus haut. Ne serait-ce pas un de ces anciens *reliro*, où les druides allaient immoler leurs victimes, pour en recueillir le sang et en faire leurs sacrifices? Cet endroit mystérieux n'aurait-il pas été consacré, d'âge en âge, par les croyances populaires, jusqu'à nos jours? L'imagination, appuyée sur les légendes, a ici pleine carrière; je livre seulement le fait, sans autre commentaire, à la sagacité de ceux qui voudront l'étudier (1).

Après avoir dépassé la ferme de Loubeyrac, on suit un sentier, à gauche, qui conduit au frais vallon, justement appelé de la *Fraissenette*. Il est arrosé par le ruisseau d'*Augnac*, qui bondit avec éclat et forme de magnifiques cascades. Quand les eaux sont abondantes, et que les fleurs du mois de mai embellissent ses bords

(1) Le Velay possède de nombreuses roches à bassins, de pierres appelées *saintes*, qui paraissent avoir une origine celtique. Voir les *Mémoires* de M. Aymard, *Annales de la Soc. acad. du Puy*, 1869, t. XII et XIV, *sur le culte des pierres et des eaux.*

délicieux, ce lieu n'a rien à envier aux plus beaux sites de la Savoie et de la Suisse. Plus bas, du côté du vallon du Grandrieu, dans un charmant réduit, appelé *Laval*, est un établissement d'eaux minérales, sulfureuses, alcalines, gazeuses et ferrugineuses, qui étaient très-estimées; mais on prétend qu'elles ont perdu de leur valeur, à la suite de la désastreuse inondation de septembre 1866.

Fenestre. — Les Trois-Sœurs. — La Mouche. — Le Fromagier.

Le plus haut point de la Margeride est le *roc de Fenestre*, dont la hauteur est de 1,519 mètres au-dessus du niveau de la mer; sa distance de Grandieu, à vol d'oiseau, n'est pas de plus de 10 kilomètres; mais en suivant la route de Serverette et la pente douce du terrain au nord, j'ai eu au moins 15 kilomètres de marche, que j'aurais pu faire facilement en voiture pour arriver au sommet. Le sol, entièrement primitif, est couvert de bruyères, d'airelles et d'autres plantes plus rares, que les amateurs viennent cueillir pour l'embellissement de leurs herbiers ou pour les besoins de la médecine; il est parsemé, de distance en distance, de blocs de granite feld-spathique grossier, avec rognons de gneiss. Ces blocs, généralement arrondis, de dimensions gigantesques, reposent çà et là, et leurs déplacements pourraient être attribués aux accidents de la période dite *glaciaire*. La contrée est peuplée de nombreux troupeaux, dont les grelots et les clochettes résonnent de toutes parts ; de magnifiques chiens, au pelage blanc, de race pyrénéenne, suivent les gardiens ; de charmantes bergeronnettes les accompagnent jusqu'au sommet. Le point culminant est formé de masses énormes divisées en deux parts : celle de l'est figure une enceinte, dans le genre d'un *Cromlech ;* celle de l'ouest, un peu plus élevée, forme une espèce d'observatoire naturel, d'où la vue s'étend sur sept départements.

A l'est, paraît le géant des phonolithes du Velay, le *Mezenc,* élevé de 1,781 mètres ; au sud-est, la chaîne volcanique du *Coiron* (alt. : 1,400ᵐ), Ardèche ; au sud, la montagne granitique de la *Lozère* (1,395ᵐ) ; au sud-ouest, le mont *Aubrac* (1,374ᵐ), Aveyron ; au nord-ouest, le *Plomb du Cantal* (1,856ᵐ), le plus haut point du panorama qui s'étend à l'entour, et qui se perd dans les derniers rayons du soleil couchant. Dans la même direction, vers le nord, à environ 10 kilomètres, on voit la *Baraque des Cantonniers ;* c'est le lieu habité le plus élevé de la Margeride, sur la route de Serverette ; son altitude est de 1,453 mètres. Dans la direction du sud-est, à la hauteur de 1,484ᵐ, se dresse le rocher des *Trois-Sœurs* qui domine le village de Lapanouse. Voici la légende que me raconta le bon vicaire de cette paroisse, ancien aumônier d'un établissement d'éducation à Mende. Deux jeunes filles traversaient la montagne ; elles furent surprises par la tourmente, et tombèrent bientôt sous l'étreinte glaciale du vent *sibérien.* Elles étaient accompagnées d'une jeune chienne qui ne cessa de hurler toute la nuit. Le matin, quand on arriva, on trouva les deux jeunes filles gelées et se tenant embrassées ; à leurs pieds était la chienne également gelée et morte. En souvenir de ce triste événement, on planta une croix sur le rocher voisin, qui fut appelé les *Trois-Sœurs*. Plus tard, quand on travaillait à la route qui passe auprès, les ouvriers trouvèrent des ossements humains. Les uns dirent que c'étaient les restes des anciennes légions romaines, d'autres ceux des martyrs de la foi religieuse ; mais les gens du pays furent convaincus que c'étaient ceux des trois victimes légendaires. C'est ce que, ni vous, ni moi, ne pouvons approfondir.

Du sommet des Trois-Sœurs à Montagnac-Latour, il y a à peine 5 kilomètres. C'est là, au milieu de vastes bruyères, que sont parqués de grands troupeaux de vaches, race d'Aubrac, au mufle noir, avec auréole blanche, au poil doux et luisant, aux formes sveltes, aux yeux tendres et mélancoliques. Nous admirions cette belle tribu, dont chaque vache a un nom particulier, que le domestique appelle, quand il veut la traire. Nous étions parfaitement tranquilles et sans inquiétude, au milieu de ces animaux sauvages, aux cornes effilées, quand tout à coup nous vîmes un veau ruer, en beuglant, et se précipiter, comme un trait, autour de l'enceinte ; et puis, tout le troupeau affolé le suivre avec les mêmes allures et les mêmes transports. Heureusement, nous étions

près de l'entrée et nous eûmes le temps de nous
mettre à l'abri. Prenez garde ! disaient les gardiens,
il a la mouche. En effet, c'est une espèce de petite
mouche *(œstrus bovis,* Lat.) (1) à corselet jaune, ayant
une bande noire au milieu ; son abdomen, blanc à la
base, a son extrémité fauve ; ses ailes, un peu obscu-
res, portent, au milieu, une large bande brune et
trois petits points bruns à l'extrémité ; ses tarses
sont terminés par deux crochets et deux pelotes, qui
s'enfoncent dans les chairs et causent de grandes
souffrances aux animaux qui en sont atteints ; de là
probablement, notre vieux *dictum : Il prend la mouche.*

❦

Sur le penchant de la montagne, est situé le *Buron*
ou Fromagier, c'est-à-dire l'établissement où se fabri-

(1) L'*œstre* ou *hypoderme* est un diptère, assez peu différent
des mouches proprement dites. La larve est garnie de plusieurs
rangs de crochets, elle vit sous la peau, ou dans l'intérieur
du corps de l'animal, qu'elle abandonne, lorsqu'elle va se trans-
former en nymphe. Sa peau durcit alors, et elle forme une espèce de coque. A l'état d'insecte parfait, l'œstre a de 11 à 12 centimètres de long ; son corps est noir, avec des poils, les uns
noirs, les autres fauves ; ses pattes sont en partie jaunâtres,
ses ailes passent au brun. On l'appelle généralement *taon ;*
mais il ne faut pas le confondre avec la mouche beaucoup
plus grosse, genre *Tabanus,* qui poursuit et pique le bétail
jusqu'au sang ; cette dernière mouche ne produit pas les effets
funestes de l'œstre ou hypoderme. Voir les *Notices* de M. Joly,
professeur à la Faculté de Toulouse, dans les *Mémoires de la
Société d'agriculture, sciences et arts utiles de Lyon,* année 1866.

quent les *formes*, ces certains fromages de 40 kilogrammes et plus, qui se vendent dans le midi de la France. Pour le goût, ils tiennent et du *gruyère* et du *chester* ; ils sont compactes, sans trous et ont une pâte fine, nourrissante, avec un léger piquant. Le Buron est formé : 1° d'une pièce aérée, où se trouvent rangés les baquets en bois, propres à recevoir le laitage, aux divers états successifs, jusqu'à ce qu'il devienne beurre et fromage ; 2° d'un caveau très-frais, où sont déposés les *formes* fabriquées qui attendent l'acquéreur. Ce fromage vaut, sur les lieux, de 1 fr. 30 à 1 fr. 40 le kilogramme. Le petit-lait délicieux sert à la boisson des hommes et des bêtes. Cet endroit est entouré de bois considérables, où des légions de gros corbeaux sédentaires ont fixé leur résidence ; seulement, ils se dispersent chaque jour, deux par deux, aux environs, pour chercher leur nourriture, et revenir exactement au coucher du soleil.

Repos à Belviala.

Tout le versant Est de la Margeride qui regarde Grandrieu est composé de riches bruyères, de magnifiques prairies arrosées par de puissantes sources qui sourdent du sein d'un sol primitif. La botanique présente ici une moisson aussi riche que variée. La plante la plus abondante, et qui affectionne plus particulièrement les terrains silico-argileux du bas de la montagne, est une espèce de prêle (*equise-*

tum), dont les divisions de la tige servent aux femmes de bobines pour filer ; on l'appelle *lous Cannetous*. De jolis bois de pins, de bouleaux et de hêtres embellissent le paysage ; de charmants hameaux situés sur la pente orientale ressemblent à des oasis, à de véritables nids d'oiseaux. Ici, *Espinous* ; après, *Martinas*; plus bas, *Belviala*, ancien manoir des seigneurs de *Condres* (*Condate* de la carte de Peutenger). Le nom de *Belviala*, cher au pays, est celui d'une famille, malheureusement éteinte, des plus considérées de la Lozère et du Gard. Le hameau de Belviala présente la plus heureuse situation pour l'agrément et la fertilité du sol, mais il ne se trouve pas sur l'axe des voies de communication nombreuses et parfaitement entretenues qui sillonnent le pays. C'est là qu'on jouit de l'air le plus sain, de la vue la plus agréable, des eaux les plus pures, de la tranquillité la plus complète. Aussi, pris-je là un repos nécessaire dans l'ancienne maison de famille. Je visitai la chambre rouge, ornée de fresques malheureusement détériorées; je parcourus les cours, les cachette uterraines, qui servirent probablement dans le temps des *routiers* et pendant la terreur de 93.

Il me tardait de rentrer à Grandrieu, où je trouvai le plus sympathique accueil. Il est vrai que mon frère, M. Philippe Hedde, qui avait épousé sa cousine, la fille aînée de M. de Belviala, et qui a laissé d'excellents souvenirs par ses études et ses œuvres miscellanées, l'avait habité longtemps. Ce fut donc pour moi un pieux pèlerinage, et de revoir des lieux qu'un frère chéri avait jadis foulés, où il avait recueilli ses impressions diverses, et de serrer la main de braves gens qui l'avaient connu, qui s'étaient intéressés à ses travaux. Aussi, me fit-on une grande fête ; on me donna la belle chambre d'honneur, le même lit où avait couché M. de Chambrun, cet homme de bien, l'idole des montagnes de la Lozère.

C'est donc pour moi, à divers titres, un besoin impérieux de tracer ces quelques lignes rapides, au souvenir des doux entretiens de la famille et du jeune âge, en témoignage de ma reconnaissance et, aussi, pour l'épanchement de mon esprit, de mon âme et de mon cœur.

Ronzon, près du Puy-en-Velay, le 2 septembre 1869.

Isidore HEDDE,

Ancien délégué du Gouvernement Français en Chine.

SOUVENIRS DE QUEYRIÈRES

(HAUTE-LOIRE)

*Henri IV. — Vallée de la Borne. — Chartreuse. —
Brives.*

La Société géologique de France a choisi le Puy-en-
Velay pour être, cette année, le but de ses recherches
et de ses études. Le peu de temps qu'elle aura à consa-
crer à cette laborieuse investigation, ne lui permettra
pas d'entrer dans tous les détails intimes qui concer-
nent les différents terrains des environs de notre ville.
C'est pour suppléer à cette lacune que la Société aca-
démique a fait tracer, dans un tableau succinct, le pro-
gramme des principales questions qui peuvent être
soulevées dans cette circonstance, la nomenclature des
excursions dans les trois bassins du Puy, de la Loire
et de l'Allier. Mais quelque circonstancié qu'ait été le
savant rapport rédigé par le secrétaire de la Commis-

sion désignée pour procurer à MM. les membres de l'illustre Compagnie, les matériaux nécessaires à leurs travaux, il manquera encore un guide, un itinéraire écrit pour les piloter dans leurs différentes excursions. C'est pour combler une de ces lacunes que j'ai rédigé le récit spécimen d'une excursion pendant une journée, où, sans perdre un seul instant, tout en jetant un regard sur la chronique locale, on peut observer les faits géologiques les plus intéressants, jouir des scènes et des vues panoramiques les plus variées, sans trop se fatiguer et sans s'exposer à des mécomptes inévitables, quand on va à l'aventure. Je prie donc le lecteur de me suivre, pas à pas, dans l'itinéraire que je vais tracer et que j'ai parcouru moi-même, il y a peu de jours, avec quatre compagnons, dans un de ces véhicules couverts, attelés d'un seul cheval, et qui transportent les touristes avec tant de facilité sur les pentes accidentées de notre contrée si pittoresque.

Il est juste 7 heures du matin, à l'horloge de la place du Breuil; on part par la barrière de Saint-Jean, où fut jadis une commanderie de frères hospitaliers. Deux routes se présentent : l'une plus longue, mais plus facile, par la vallée de la Borne; l'autre plus courte, mais plus ardue, par la montée de Bellevue. Comme touriste, je prends cette dernière, qui est la plus pittoresque. Je jette en passant un coup d'œil sur le masque gigantesque que l'on voit à la gauche du dyke de Corneille (alt. : 764^m) et qu'à cause de la ressemblance, on a surnommé *Tête d'Henri IV*, mais dont notre docte archiviste, M. Aymard, a retracé l'origine celtique dans son mémoire intitulé : *Le Géant.* (Voir

*Ann. de la Soc. ... ., t. XXII, p. 314.) J'admire la magnifique vallée limitée au nord et à l'ouest par le riant coteau de Chausson, sur lequel s'éparpillent mille petites coquettes bastides, nichées dans les vertes anfractuosités du plateau basaltique de Rome (714^m) et que termine la singulière aiguille ou dyke Saint-Michel (694^m), ce monument naturel si admiré, dont l'origine est due à l'action éruptive des roches ignées, et qui, par suite de l'érosion de la vallée, représente, sans interruption, la gaîne obstruée d'une cheminée volcanique.

En traversant le pont de la voie ferrée, je jette un regard rapide, à ma droite, sur les tufs volcaniques qui bordent la route, à la déclivité du plateau basaltique de Guitard (733^m), et j'examine, à ma gauche, les curieuses stratifications, les dépôts sableux, les lits de galets et de cailloux roulés du mamelon basaltique de Montredon *(mons rotundus)* (662^m), au bas duquel a été institué un établissement d'aliénés. La majestueuse maison de la Chartreuse, fondée en 1627, aujourd'hui petit séminaire, paraît bientôt sur un terrain de grès psammites *(arkoses* de Brongniart), dont le gisement est ici remarquable par ses roches atteintes d'une espèce de limonite chancreuse *(oxyde hydraté de fer)*, qui a pour effet de détruire les édifices les plus considérables, ceux qui paraissent avoir le plus de solidité. Le viaduc si élégant et si surprenant que la Compagnie du chemin de fer a fait élever, dans le voisinage, pourrait bien en faire un jour la triste expérience.

Nous passons devant la splendide villa du Maire actuel de cette cité, où le touriste est sûr de rencontrer un accueil cordial et plein d'aménité. Là, sur l'emplacement de deux anciennes voies romaines, sur un sol meuble qui recouvre des vestiges d'antiquités, s'élève cette véritable maison princière, où se trouvent recueillis tous les éléments d'un musée artistique et scientifique; nous admirons surtout, dans cette collection, une abondante série d'empreintes végétales sur grès, ou arkoses du territoire de Corsac.

Nous passons la Loire à Brives (607ᵐ) *(Brivas)* et nous nous arrêtons, deux minutes seulement, pour lire l'inscription du vieux pont, emporté par la terrible inondation de 1795, où l'eau s'éleva à 1 mètre 1/2 au-dessus de l'entrée des arches, hauteur qu'elle a atteint en 1866. Voici cette curieuse inscription romane, telle qu'elle est rapportée par notre savant épigraphiste, M. Aymard, *Ann. de la Soc. ac.,* t. XXII, p. 209 :

> *Merchant non oblida*
> *Ayei lou patar payar.*

L'écusson armorié de la maison de Polignac, sculpté sur la pierre, indiquait le nom du puissant seigneur auquel était dû le *patar* ou *patart noir,* suivant Médicis, t. Iᵉʳ, p. 453, petite monnaie, alors en usage, et de la valeur d'un double liard ou 6 deniers, environ 2 centimes 1/2 de notre monnaie actuelle.

*Argiles bigarrées. — Doue. — Sainzelles. — Blavozy.
— Saint-Perbet. — Lardeyrol. — Bonneville.*

Nous laissons, à droite, la route qui conduit aux
bords si paisibles de la Gagne, renommée par le fameux dyke de la *Roche-Rouge*, signalé par le doyen de
nos géologues, Faujas de Saint-Fond, et qui offre la
démonstration la plus évidente de la nature de cette
roche éruptive.

Nous montons la côte du mamelon basaltique, bré-
choïde de la *Rochette de Brunelet* (814^m), et nous laissons à droite la montagne de même nature de *Doue*
(839^m). Vers la partie sud de cette dernière, en face de
l'hermitage de Saint-Maurice (891^m), gissent les restes
d'une vieille abbaye où, en 1219, fut inhumé l'évêque
du Puy, Robert de Mehun, assassiné par un gen-
tilhomme du pays. C'est là que vivait naguère le célèbre géologue, M. Bertrand Roux, élève de la simple
nature, mais souvent visité par les princes de la
science, qui venaient chercher des conseils, des inspi-
rations auprès de l'auteur de la *Géognosie des environs du Puy-en-Velay.*

En passant, signalons aux peintres le joli sujet de
tableau que présente l'ancien château de Bouzols, une
des dix-huit baronnies du Velay, entre les sommités
basaltiques de Mons et de Saint-Maurice (891^m).

Nous examinons, à droite et à gauche, les singu-
lières apparences des argiles bigarrées, et qui présentent les nuances variées de blanc, bleu et rouge.
On se demande naturellement quelle a pu être la cause
de formation d'une substance aussi abondante,

aussi remarquable, et qui est presque toujours re-
couverte par les déjections volcaniques. Les uns pensent que cette formation a eu lieu sur place, qu'elle
est due à la désagrégation ou décomposition des roches primitives et que leur coloration n'est que le ré-
sultat de l'infiltration des eaux, qui y ont apporté
leurs divers principes, ou oxydes colorants. Les autres,
partant d'une conception plus générale, prétendent
qu'au commencement de l'époque tertiaire, pendant la
période éocène, il y avait sur toute cette partie de la
contrée de grands et profonds lacs, au fond desquels
se sont déposés successivement les différents lits d'argiles, dont la couleur a varié, suivant les temps et les
matières qui les ont composés. Nous en trouvons
l'exemple dans les dépôts des bassins du Puy et de
l'Emblavès. Quoi qu'il en soit, heureux le pays, heureux le chimiste, qui, le premier, trouvera le moyen
d'utiliser ces immenses dépôts d'argile, qui contien-
nent en si grande abondance l'*aluminium*, ce métal
aussi joli que l'argent, aussi tenace, plus léger que le
fer, mais dont on n'a pu encore obtenir la production
à bon marché.

Nous laissons à gauche la montagne et le village de
Fay-la-Triouleyre (742ᵐ), renommés pour les argiles
figulines ou terre rouge, employée pour la fabrication
de la poterie, des briques et des tuiles. — A droite,
se trouve le village de Saint-Germain-Laprade et sa
vaste plaine, théâtre favorable pour des luttes guer-
rières, pour des rencontres entre peuples ennemis.
Aussi, remarque-t-on de singuliers tertres circulaires
que l'on prendrait pour d'anciens *tumulus*. Il suffirait

d'une simple tranchée pour s'assurer si l'un d'eux ne recèle pas dans ses flancs quelques vestiges de sépulture celtique. Ce fut là, qu'en 973, Guy d'Anjou II, évêque du Puy, remédia aux maux du Velay, en établissant la *Trève de Dieu*, c'est-à-dire accorda aux seigneurs le traité de paix qui mettait une digue à la licence des mœurs et à l'abus de l'autorité.

Nous passons la Sumène, à l'entrée du domaine de Sainzelles (712ᵐ), fameux par ses bois de pins, recherchés des chasseurs et pleins d'excellents champignons (*boletus esculentus*). Nous montons à Blavozy (783ᵐ), remarquable par ses grès psammitiques, avec nombreuses pétrifications de branches d'arbres, surtout du côté qui appartient à Sainzelles. C'est là que commencent les couvertures des toits en dalles phonolithiques, qui tiennent lieu d'ardoises.

En vrais croyants, signons-nous devant la croix de Saint-Perbet, ancien chapelain de Queyrières, qui fut massacré, en 1794, par les gendarmes d'Yssingeaux. C'est un lieu de dévotion où l'on vient de bien loin, pour les personnes souffrantes, par suite de coliques, et surtout de borborygmes intérieurs. On raconte qu'un paysan de Loudes se rendant à Saint-Perbet pour obtenir quelques soulagements pour sa femme affligée d'une semblable indisposition, s'arrêta à Brives, dans un cabaret, où se trouvait une jeune fille, à laquelle il demanda quelque chose à manger. Celle-ci lui ayant répondu qu'elle n'avait qu'un œuf, le voyageur la pria de le lui faire cuire. La jeune fille mit aussitôt cet œuf sous la cendre, après avoir préalablement craché sur la surface de la coquille. Le voyageur s'étant enquis de la raison de cette précaution, la jeune fille lui répondit naïvement : *Acoueï per l'inpalsa de pela;* et, en effet, le paysan s'assura du fait, en voyant que la coquille était intacte. Puisqu'il en est ainsi, dit-il, il est inutile que j'aille plus loin, je saurai bien guérir moi-même ma femme...... On ne dit pas si l'application réussit.

Le ravin de Saint-Perbet est une ligne de démarcation naturelle, assez distincte, entre les terrains primitifs et les tertiaires. On peut, tout le long de la route, suivre la transition des différentes décompositions et nouvelles agrégations. On y remarque surtout des géodes ou pyrites de fer, qui ont des dimensions prodigieuses. Nous arrivons à la ferme de *Lachamp* (815ᵐ), devant laquelle est un vaste pâtural, parsemé de dalles volcaniques, qui pourraient appartenir à la période dite *glaciaire.* C'est une observation nouvelle sur laquelle doit se porter l'attention des géologues de l'illustre Société de France. Nous laissons, à gauche, le pic basaltique de *Lardeyrol* (886ᵐ), une des dix-huit anciennes baronnies du Velay. Quelques pans de murailles de son château fort se dressent encore comme de vieux témoins muets du moyen-âge. Nous arrivons à Saint-Hostien (831ᵐ), au bas du *Suc du Pertuis* (1,104ᵐ); nous prenons, à droite, la route ascendante, qui conduit à Pradelles. Nous passons devant le joli manoir, appelé *Le Champ*, ancienne propriété des sires de Glavenas. Nous laissons, au loin, la curieuse montagne phonolithique de *Huche pointue* (1,038ᵐ), celle basaltique de *Pidgier* (1,079ᵐ), couverte de pins rabougris ; nous suivons la côte pittoresque, au milieu de bois taillis, de

fayards et de bouleaux, pleins de bruyères et d'airelles.
Nous apercevons la digitale, mais plus frêle que
celle que nous avons vue, naguère, sur les terrains
primitifs de la Lozère. Nous rencontrons les toriers
et les genevriers, indices de passage des merles et des
grives si estimés de ces montagnes. — A 10 heures 1/2,
nous arrivons à *Bonneville* (942^m), ancien château, dont
les seigneurs furent alliés aux Polignac, par Kite ou
Catherine de ce nom, vers le commencement du
XIVe siècle. Sur la porte principale du manoir féodal,
nous voyons un écusson représentant une croix, avec
trois chevrons à droite et un quadrupède (?), à gauche ;
sous l'escalier est une inscription de deux lignes, en
lettres gothiques, sur laquelle j'ai cru lire :

LIMANDE   MCCCXXVI
LA BASTIDE   LARDEYROL.

En 1590, 1592 et 1593, nous voyons dans Arnaud
(*Histoire du Velay*, t. I, p. 477 et 531 et t. II, p. 3),
le nom de Bonneville associé aux tentatives faites par
les seigneurs royalistes du Velay, pour opérer une con-
ciliation avec les ligueurs opiniâtres de la ville du Puy.
En 1689, il est fait mention du sieur Amable de
Miet de Chapteuil, seigneur de Bonneville. — Nous
visitons minutieusement le château, son salon orné
de tapisseries en cuir de Russie, ses trumeaux biseau-
tés en glaces de Venise, son plafond en bois sculpté ;
l'écurie, qui présente la date de 1591 ; la cuisine,
où se voit, sur le devant de la cheminée, une
jolie sculpture représentant un ours au milieu d'une
couronne ; la chapelle, où les seules traces de culte

offrent un bénitier détérioré. Mais j'oublie que j'aurai probablement des géologues pour lecteurs, et je crois de mon devoir de leur signaler une magnifique dalle qui est dressée contre le mur de la salle à manger. C'est un monolithe phonolithique irrégulièrement ovale, espèce de lauze, tirée d'*Araules* (1,170ᵐ), d'environ 3ᵐ 1/2 de hauteur, sur 2ᵐ 1/2 de large et 5 centimètres seulement d'épaisseur. Cet objet seul ne vaut-il pas la peine de faire le voyage?

Description de Queyrières.

La route n'étant pas assez bonne, nous montons à pied à Queyrières, en passant par les hameaux du Fournel, du Bouchit et du Mas. Cette route directe, suivant des sentiers ravinés par les eaux, nous permet de reconnaître les différentes transformations des roches éruptives, les phases diverses des formations volcaniques. Nous sommes sur les points culminants des régions trachythiques, phonolithiques et basaltiques. Partout, des stratifications, des conglomérats, des lauzes et dalles erratiques, des laves agglomérées, des débris de toute nature.

Après trois quarts d'heure de marche, nous arrivons, à midi, au sommet de Queyrières, dont nous gravissons la roche, en quelque sorte à pic.

Le village de Queyrières, avec son église moderne, est placé au sud de la butte volcanique qui l'abrite du nord ; mais ce doit être une faible défense contre les froids rigoureux d'une région aussi élevée, puisque le sommet de la butte est à une altitude de 1,248 mètres. Ce sommet est formé d'une masse, divisée en deux parties, de prismes basaltiques, en majeure partie horizontaux et empilés les uns sur les autres, comme les pièces de canon d'un arsenal. Il paraîtrait qu'ils seraient le produit d'un volcan voisin, dont le cratère devait exister, au pied d'une montagne, toute rouge, et appelée *Rocherole*. L'altitude de cette montagne est de 1,170^m ; elle est en forme de *garde*, comme on dit dans le Velay, c'est-à-dire en coupole. Les scories et la pouzzolane indiquent assez l'existence d'un volcan ; mais comment expliquer la position de ces prismes horizontaux ainsi suspendus et surtout à une si grande élévation ? Je ne vois de réponse que par l'érosion des terrains environnants, comme cela a eu lieu pour nos dykes du bassin du Puy et par les dénudations, à des époques antérieures ou postérieures à ces érosions.

« Les laves de Queyrières, dit M. Bertrand de Doue, sont des plus anciennes, et offrent de grands rapports avec certaines de celles du Mezenc par l'homogénéité de leur pâte terreuse, tendre et presque friable, et par leur texture sublamellaire. » Elles sont, en outre, cellulaires et amygdaloïdes. Leurs cavités sont remplies d'*analcime* et de *mésotype aciculaire*.

A l'ouest, est un rocher basaltique, à structure schistoïde, à texture sublamellaire, presque écailleuse, dont les fragments sont translucides, de telle sorte que les cristaux de feld-spath vitreux peuvent faire supposer qu'on a devant les yeux un rocher de phonolithe. C'est assurément le plus évident exemple des passages de cette espèce de roche aux laves basaltiques.

Du haut de la butte de Queyrières, on jouit d'une vue très-variée et très-étendue. Au nord et au nord-est, elle est, à la vérité, bornée par la chaîne phonolithique qui, de *Chamalières* (517ᵐ) s'étend jusqu'au *Mezenc* (1,781ᵐ), laissant voir successivement les différentes sommités du Mégal : *Raffi* (1,384ᵐ), *Hyvernou* (1,389ᵐ), *Marine* (1,394ᵐ), *Mounier* (1,420ᵐ) et *Teste-Voire* (1,451ᵐ), à la limite de l'arrondissement d'Yssingeaux. Au sud et au sud-ouest, au contraire, les yeux s'étendent sur des régions variées, tant rapprochées que lointaines, où sont représentés tous les différents types des roches éruptives, tous les différents accidents des terrains volcaniques : stratifications, empâtements, lauzes et dalles adhérentes et erratiques, laves en coulées, aglutinées et agglomérées en prismes et en masses solides, plateaux, mamelons, pics, dykes et autres formes volcaniques, tels que *Montchagny* (1,190ᵐ), *Mounedeyre* (1,301ᵐ), mamelons phonolithiques; *Monac* (1,023ᵐ), *Montusclat* (1,039ᵐ), montagnes trachytiques; divers points, près de *Saint-Julien* (812ᵐ), de *Saint-Germain-Laprade* (677ᵐ), du *Monastier* (980ᵐ) et autres lieux présentant des terrains primitifs et tertiaires, où l'on rencontre quelquefois, çà et là, les différentes variétés de brèches, qui ont si souvent accompagné les émissions basaltiques et laviques.

Je restai longtemps assis, tout pensif, en contemplation du majestueux spectacle qui s'offrait à mes regards. Je cherchai vainement autour de moi quelque trace de ruines, quelque vestige de construction antique ; je ne vis que quelques teintes blanches de chaux, au pied de la croix, ancien signe de la foi traditionnelle. La roche est nue et désolée ; il n'y a que quelques pauvres mousses, de nombreuses plantes d'absinthe sauvage *(artemisia absinthium)*, d'un jaune verdâtre, d'une odeur forte, d'un aspect triste ; car c'est la compagne des ruines et des vieux manoirs. Je me disais : Comment un castel aurait-il été construit dans une région aussi reculée et aussi élevée, si ce n'est à cause de la proximité de l'ancienne voie romaine, *l'estrade de Raffi* qui, du Puy, menait à Vienne, par Saint-Julien-Chapteuil et Bonneville ? Comment expliquer la construction d'un château qui avait acquis une certaine importance, puisque c'était le siége d'une baronnie, sur un rocher, dont l'extrémité a à peine 7 à 8 mètres carrés de superficie, et sur lequel on n'aurait pu parvenir qu'à l'aide d'échelles ajoutées les unes à la suite des autres ? Il est à présumer qu'il n'y avait au sommet qu'une simple tour ou vigie, dans le genre de celle que nous avons vue de nos jours à Corneille. Le château féodal devait être à la place de l'église actuelle, et une muraille entourait peut-être toutes les dépendances, comme nous le verrons plus loin à Chapteuil.

J'ai bien interrogé l'histoire et la tradition, je n'ai pas oublié Médicis, le prince de nos chroniqueurs, mais il est rare de rencontrer des matériaux neufs, et cependant ce n'est que par là qu'on peut intéresser le lecteur. J'étais donc assez embarrassé, quand le hasard m'a fait rencontrer le descendant direct des barons de Queyrières, le propriétaire actuel de l'emplacement sur lequel se trouvait le vieux castel féodal, le rocher même étant aujourd'hui une propriété communale. C'est un homme jeune encore, type vellave, à l'air martial, à la physionomie franche et loyale.

Voici les renseignements que j'ai pu obtenir, tant de sa bouche que de mes propres recherches dans les chroniques locales.

Le château de Queyrières (*Cayreria*) (1) était, au XII* siècle, une des dix-huit baronnies du Velay ayant droit de siége aux États-Généraux du Languedoc. A cette époque, elle appartenait à la puissante famille de Fay. En 1300, elle échut par alliance à celle de Poitiers-Valentinois ; en 1340, à celle de Crussols. En 1349 (29 avril), Jean de Saignard (*Sanhard*), baron de Queyrières, offrit au roi Charles VII, alors en résidence à Espaly, près du Puy, les premiers drapeaux enlevés aux ennemis, dans le Velay. Au commencement du XVI* siècle, Claude Pichon était baron de Queyrières et transportait sa baronnie à Claude de Luzy-Pélissac. En 1589, César de Saignard, baron de Queyrières, commandait une compagnie de 200 hommes, sous Henri IV ; les descendants de cette famille conservent encore la lettre manuscrite du roi, qui lui en confère le commandement. En 1594, suivant Arnaud, t. II, p. 27, nous voyons le sieur Sanhard, au nombre des seigneurs, tels que de Chaste,

(1) Dans la *Revue historique*, M. Truchard du Molin doit publier des Notices sur les baronnies du Velay ; celle de Queyrières y figurera probablement.

de Chalencon, de Latour-Maubourg et autres royalistes, tués à l'attaque téméraire de la ville du Puy, encore au pouvoir des ligueurs. Le château que Deribier *(Statistique de la Haute-Loire,* p. 290) dit avoir été détruit dans les guerres religieuses, existait encore à cette époque, puisque, suivant Arnaud, t. II, p. 29, nous y voyons prisonnier un ligueur, le sieur de Rounyac. En 1618, nous retrouvons le nom des Luzy-Pélissac, comme baron de Queyrières; mais de 1637 à 1732, ce titre paraît appartenir exclusivement à la famille de Saignard *(Sanhard),* qui siége successivement aux États du Velay, en 1702, 1713, 1716, 1720, 1721 et 1723, comme baron de Queyrières. En 1734, ce titre est transmis par le mariage de Marguerite de Saignard à Charles de la Fage et des Plantas. En 1736, le sieur Saignard de la Fressange est admis aux États du Velay comme possesseur d'un tiers de la baronnie, ce qui explique que ces titres pouvaient se diviser, se transmettre et se retransmettre à l'infini, causes de beaucoup de désordres et de litiges entre les parties. En 1644, nous voyons reparaître le nom de la Fage de Ribes, comme baron de Queyrières, aux États du Velay. En 1747, 1753, 1754, 1755 et 1757, M. Arnaud ne mentionne à ces États que le titre de baron de Queyrières, sans dire le nom du titulaire. En 1773, il désigne le nom d'un sieur Colombet, comme envoyé ou représentant du baron de Queyrières, preuve de l'amoindrissement du titre. Vers cette dernière époque, Henriette de Fillère du Charrouil, seconde épouse du sieur de la Fage de Ribes, hérite de sa baronnie; elle est morte en 1805. Un des descendants de cette an-

cienne maison, qu'on avait surnommée la *Guerrière*,
est M. de Sanhard, notaire à Lantriac.

Il était midi et demi, nous nous dirigeons vers la
ferme du Sauvage, qui est au bas du mont *Chanis*
(1,238^m) et de celui moins élevé de *Chifourtou* ou
Saïfourtou (Suc de la Dent) (1,190^m) et nous suivons
la magnifique forêt de pins, de sapins, d'épicéas et de
mélèzes, qui compte plus de 85,000 sujets, sur une
superficie de 72 hectares environ. Nous mesurons quelques pieds qui gisent par terre, et nous leur trouvons
20 mètres de hauteur, et plus ; nous passons près de
la scierie mue par l'eau de la forêt ; ses produits en
planches et en liteaux s'exportent sur la ligne du chemin de fer.

❦

*Saint-Julien-Chapteuil. — Grottes pittoresques. — Mi-
nerai de fer. — Saint-Germain-Laprade.*

Nous quittons, à 2 heures, Bonneville, où nous avons
trouvé l'hospitalité la plus gracieuse et la plus empres-
sée. Reconfortés par de bonnes prunes et un excellent
ratafia de pays, nous nous sommes dirigés, par une magnifique route, vers Saint-Julien-Chapteuil. Nous avons
laissé à droite, Monac, et ses trachytes ; nous passons
le ruisseau de *Combeneyre*, et puis, peu après, la petite
rivière de Sumène qui descend du Mégal et roule jusqu'à Peyredeyre, où elle se jette dans la Loire, après un
parcours de 20 kilomètres.

A trois heures, nous sommes à Saint-Julien-Chapteuil (812^m), chef-lieu de canton, avantageusement

situé, et qui compte près de 3,000 habitants. L'église
romano-gothique est sur un roc volcanique, qui re-
pose sur une base de granite désagrégé. Nous suivons les bords heureux du Fraisse, qui coule paisi-
blement sur un terrain primitif; nous montons au
Pracros, charmante habitation d'été, où l'on recueille
des fruits tardifs, il est vrai, mais qui ont échappé
aux gelées printanières, causes fréquentes de la perte
des fruits des régions moins élevées.

La vue est bornée à l'est par le rocher curieux de
Capdeuil, dont on a fait *Chapteuil (Capitolium!,*
alt. : 1,039ᵐ, formé d'une masse de basaltes prisma-
tiques, et sur lequel paraissent encore plusieurs vestiges de tours, une grande porte et une longue muraille, qui entourait probablement l'ancien château
féodal. Au sud, est le *Suc de l'Herm,* couvert de
pins et dominé par la montagne de *Rochebaron*
(1,026ᵐ).

Nous quittons Saint-Julien-Chapteuil à 5 heures et
nous saluons, en passant, la vierge inaugurée récemment, sur le penchant de la montagne volcanique
si curieuse de *Saint-Pierre-Eynac* (957ᵐ). Nous visitons, au bas, les grottes taillées dans les brèches, près
des hameaux de *Sumène* (780ᵐ) et de la *Paravent*
(760ᵐ), et puis celles encore plus remarquables de
Peylenc (923ᵐ), dont une d'entre elles offre, dans le
terrain qui leur est contigu, d'après les observations
de MM. Auguste Aymard et Emmanuel Mauras, un véritable atelier d'instruments en silex de l'âge préhis-
torique, dit de la *pierre taillée.* Près de Noustoulet
(718ᵐ), dans un endroit appelé Sabadel (811ᵐ),

sur un terrain primitif, est un gisement assez riche
de minerai de fer hydroxydé, à gangue quartzeuse,
découvert récemment par M. Émile Mauras, qui y a
fait opérer quelques fouilles. Malheureusement, le gîte
n'a présenté jusqu'ici que des affleurements presque insignifiants ; les échantillons qu'il en a retirés
ont été envoyés à l'École des Mines de Paris, et les
analyses ont été faites, par suite de l'obligeante inter-
vention du Directeur, M. Grünner. Ces analyses ont
présenté les résultats suivants :

Péroxyde de fer.... 75		Protoxyde de fer.. 63
Eau 12		Eau 10
Quartz............ 13		Carbonate de chaux 4
——		Argile et quartz... 23
100		——
		100

Les essais ont donné 53 °/₀ de fonte un peu sulfu-
reuse ; ceux de M. Janicot de Saint-Étienne ont été
un peu moins satisfaisants ; néanmoins, ce serait une
mine riche, si elle était abondante.

Nous traversons Saint-Germain-Laprade (677ᵐ), ancienne baronnie, dont le château présente une certaine importance historique. Encastrée dans une vieille
muraille est une inscription romaine. L'église, d'une
époque reculée, renferme divers débris d'antiquités.
Nous jetons un dernier regard sur le *Montahu* et
le *Suc de Gagne* qui règnent à l'entour, sur les *Ro-
chettes*, deux petits mamelons ou masses de scories
volcaniques qu'on aperçoit au milieu de la plaine, au
bord du petit filet d'eau qu'on appelle *La Trenda*.
A trois heures du soir, nous étions rendus au Puy,
sans fatigues, grâces au temps favorable de la saison,

ni froid, ni chaud, le meilleur pour les touristes, pour les géologues surtout.

Telle est la petite excursion que je dois au concours empressé, à l'intelligente direction de M. Henri Souteyran. J'ai cru devoir la signaler, en attendant la lutte qui ne peut manquer de s'élever entre les *Plutoniens* et les *Neptuniens*, c'est-à-dire entre ceux qui attribuent la plupart des faits géologiques à l'action du feu, et ceux qui pensent qu'en partie ils proviennent des eaux, luttes renouvelées des temps anciens et auxquelles il faut peut-être adjoindre de nouveaux combattants, les partisans des causes aériennes et atmosphériques. Espérons que ces luttes scientifiques et pacifiques amèneront de nouvelles recherches et d'utiles connaissances, et pour l'explication des phénomènes qui ont bouleversé notre territoire, et dans l'intérêt général des sciences, des arts et de l'industrie.

Ronzon, près du Puy-en-Velay, 18 septembre 1869.

ISIDORE HEDDE,

Membre de la Société géologique de France, correspondant de celle Centrale d'agriculture de Paris, de celles de Lyon, du Puy-en-Velay et autres villes de France et de l'étranger.

Le Puy. — Typ. et lith. M.-P. Marchessou.